T0144052

Noch analog oder lebst Du schon?

Rolf Drechsler · Jannis Stoppe

Noch analog oder lebst Du schon?

Mit Nœrdman durch die Welt
von heute... und morgen

Rolf Drechsler
Universität Bremen/DFKI
Bremen, Deutschland

Jannis Stoppe
Deutsches Zentrum für Luft- und
Raumfahrt
Bremerhaven, Deutschland

ISBN 978-3-658-32412-4   ISBN 978-3-658-32413-1   (eBook)
https://doi.org/10.1007/978-3-658-32413-1

Die Deutsche Nationalbibliothek verzeichnet diese Publikation in der Deutschen
Nationalbibliografie; detaillierte bibliografische Daten sind im Internet über
http://dnb.d-nb.de abrufbar.

Einbandabbildung: designed by deblik, Berlin © phonlamaiphoto/AdobeStock

Planung: Sybille Thelen
Springer ist ein Imprint der eingetragenen Gesellschaft Springer Fachmedien Wies-
baden GmbH und ist ein Teil von Springer Nature.
Die Anschrift der Gesellschaft ist: Abraham-Lincoln-Str. 46, 65189 Wiesbaden, Germany

Vorwort

TECHNOLOGIE HAT ALLES VERÄNDERT. Arbeitsabläufe werden neu strukturiert, Organisatio-
nen umgekrempelt.

Schwer zu glauben, dass die erste E-Mail
erst 1971 verschickt wurde – vor gerade einmal 50 Jahren wurden Technologien erfunden,
die heute den Alltag von Milliarden Menschen dominieren. Andere, die noch vor Kurz-
em die Arbeit bestimmten, wie das Fax-Gerät
sind wieder verschwunden. Die digitale Re-
volution verändert Geschäftsmodelle in einem
nie dagewesenen Tempo – und damit auch
die Innenstädte: Videotheken verschwinden,
Netflix kommt.

WER SICH MIT DER TECHNOLOGIE BESCHÄFTIG-
TE – privat oder beruflich – galt oftmals als
Nerd. Schon in den frühen Jahren geprägt, hat
der Begriff des Nerds jedoch eine Wandlung
erfahren: früher Sonderling, heute Computer-
begeisterte Person.

Und sind wir das inzwischen nicht alle?

Die nächste Generation geht ganz selbstverständlich mit den neuen Medien um: sei es
Handy oder Tablet, PC oder Smartwatch. All
dieses hat Einzug in unser Leben gefunden –
manchmal bestimmt es unser Leben und lässt

uns mit einem unguten Gefühl zurück und der Frage, ob wir die Maschinen beherrschen oder sie uns?

Die Faszination der Materie und die Verbundenheit zum Norden führte uns zu Nœrdman – der Nerd aus dem Norden. In Form von Comics wird seit 2018 wöchentlich ein aktuelles Thema aus unserem Alltag mit Technikbezug betrachtet, um sich in humorvoller Weise mit aktuellen Entwicklungen, aber auch der nahenden Zukunft, auseinanderzusetzen.

In diesem Buch werden in den einzelnen Kapiteln Themen wie Kommunikation, technologische Entwicklungen oder Sicherheit im Netz betrachtet und mit Comics begleitet. Am Ende jeden Kapitels gibt es eine Reihe an Fragen, die jeder für sich selbst als Anregung zum „kritischen Weiterdenken" nutzen kann.

Innerhalb der thematisch gruppierten Kapitel sind die Comics dabei chronologisch geordnet – so wird auch die Entwicklung, die Nœrdman in den letzten Jahren vollzogen hat, offensichtlich.

Wer Weiteres sehen will: www.noerdman.de oder unter facebook, instagram und twitter unter @noerdman bzw. #noerdman – und in Englisch unter @noerd_man

Wir wünschen viel Spaß und anregende Ideen, denn die Zukunft wird so, wie wir sie gestalten.

Bremen, März 2021

Rolf Drechsler   Jannis Stoppe

Inhalt

Ist die Welt heute noch zu verstehen?

HEUTE SEHEN WIR TECHNOLOGIE ÜBERALL um uns herum – jeder besitzt ein Smartphone, wir sind immer und überall erreichbar.

Die Veränderungen, die das mit sich gebracht hat, sind profund... So angenehm es ist, dass man von überall auf der Welt schnell Bescheid geben kann, dass es einem gut geht und so gut vernetzt wir mit all den wechselnden Plattformen sind, ist es nicht einfach, den

© Der/die Autor(en), exklusiv lizenziert durch
Springer Fachmedien Wiesbaden GmbH, ein Teil von Springer Nature 2021
R. Drechsler und J. Stoppe, *Noch analog oder lebst Du schon?*,
https://doi.org/10.1007/978-3-658-32412-4_1

Überblick über die technologischen Angebote zu behalten. Dies bezieht sich sowohl auf die Programme und Plattformen, die verwendet werden oder welche die Voraussetzung für die Nutzung sind, als auch auf die zugrundeliegende Hardware: Ob Computer oder Smartphone – es werden immer schnellere Prozessoren und größere Speicher vorausgesetzt.

VIELE LEBENSBEREICHE haben sich durch den Einsatz elektronischer Geräte massiv verändert. Schallplatten und CDs findet man bald nur noch in Nischenmärkten, und seitdem Filme von zuhause aus zu streamen sind, hat sich das Leih- und Kaufverhalten drastisch gewandelt.

In rasant kurzer Zeit hat die Elektronik einen Siegeszug angetreten. So entstanden neue Wirtschaftszweige, sie verschwanden aber teils auch sehr schnell.

DER MARKT FÜR PFERDEFUHRWERKE IST IN DEN LETZTEN JAHREN EINGEBROCHEN.

MACHT DAS AUTOS ZU EINER SCHLECHTEN IDEE?

Mit dem Internet und der Verfügbarkeit von unüberschaubar vielen Informationen begann der Aufstieg von Diensten, die diese geordnet zugreifbar machen – mit Google als dem wohl prominentesten Vertreter. Manchmal fällt es schwer zu glauben, dass dieser weltumspannende Konzern erst 1997 – also vor weniger als 25 Jahren – gegründet wurde.

SCHRITTZUHALTEN mit dieser rasanten Entwicklung gestaltet sich kompliziert. Exemplarisch sei hier die Funktionsweise eines Autos genannt. Während man ein Auto vor 50 Jahren noch sehr gut mit all seinen Komponenten verstehen konnte, ist dies bei modernen Fahrzeugen nur noch Experten vorbehalten. So ist es auch meist nicht mehr möglich, selbst Hand anzulegen, wenn das Auto nicht mehr fährt. Und auch in Werkstätten ist man im Wesentlichen auf die Selbstdiagnose der Systeme angewiesen.

Die gleiche Situation finden wir im Supermarkt in abgewandelter Form: die Funktionsweise einer Scanner-Kasse ist für den Nutzer (auf beiden Seiten des Bandes) nicht nachvollziehbar. Und wenn die Elektronik versagt, ist es oft nicht möglich, die Systeme weiter zu betreiben.

Es gibt also viele Alltagssituationen, in denen wir mit neuen Prozessen zu tun haben, die wir nicht oder zumindest nicht vollständig verstehen. Stattdessen wird man zum Anwender und verlässt sich auf Schnittstellen: Barcode über die Scheibe ziehen, Karte vor den Leser halten, fertig. Die innere Funktionsweise der Geräte und Dienste ist nicht weiter relevant, so lange sie funktionieren. Damit macht man sich natürlich abhängig von anderen, die im Fall von Fehlern oder Problemen helfen müssen.

DER WASSERKREISLAUF IST EIN KOMPLEXES UND SCHWIERIGES THEMA, DAS ICH NICHT VOLL DURCHBLICKE.

TROTZDEM TRINKE ICH.

IST DAS BEI TECHNIK ETWAS ANDERES?

SELBST EXPERTEN überblicken dabei nur noch kleine Teile ihres Fachgebietes. Die Welt wird also wenn überhaupt, dann noch vom Kollektiv verstanden – der Einzelne ist längst nicht mehr dazu in der Lage.

Gleichzeitig ist das Wissen verfügbarer und leichter zugänglich geworden – ein defektes Gerät, das ich nicht verstehe, muss nicht unbedingt von Experten repariert werden, wenn das dafür nötige Wissen im Netz gefunden werden kann. Es gibt zahlreiche Anleitungen und Erklärvideos, die – je nach Einsatzgebiet – schnell Hilfe anbieten können.

Fragen

- In welchen Bereichen des täglichen Lebens sollen elektronische Geräte zum Einsatz kommen und in welchen Bereichen besser nicht?

- Ist es erforderlich, dass wir unsere Umwelt auch im Detail verstehen? Oder ist es ausreichend, in einfacher Form mit elektronischen Geräten umgehen zu können?

- In welchen Alltagssituationen verstehen wir noch genau, wie die Welt um uns herum arbeitet und in welchen nicht?

- Haben wir die Welt überhaupt jemals verstanden oder war das Wissen anfangs schlicht begrenzt genug, um es zu durchdringen, ohne dass dadurch die Welt als solche einfacher gewesen wäre?

- Wenn niemand mehr einen Themenkomplex erfassend durchdringt, das dafür nötige Wissen aber (z. B. im Internet) konserviert und verfügbar ist, ist das nicht genauso gut wie Verständnis? Ist es nicht eventuell sogar besser?

Wohin entwickelt sich die Technologie?

TECHNOLOGIE HAT SICH RASANT ENTWICKELT. Um zu verstehen wohin sie sich in Zukunft entwickelt, ist es hilfreich, sich kurz vor Augen zu führen, wie diese Entwicklung bisher stattgefunden hat.

Wenn wir von einfachen Rechenhilfen wie dem Abakus und mechanischen Maschinen absehen, begann die Entwicklung vor weniger als 100 Jahren. In den 1930er Jahren entstanden die ersten Rechenmaschinen: Konrad Zuse entwickelte in Deutschland den ersten programmierbaren, binären Computer. Im Anschluss entstanden zahlreiche Ansätze

„DEBUGGING" ALS BEGRIFF ENTSTAND..

... WEIL KÄFER IN DEN RÖHREN DER COMPUTER FEHLER VERURSACHTEN.

NERDMAN #3: TELEFONE

DER MOMENT IST ALSO GEKOMMEN.

ES GIBT SO VIELE MOBILTELEFONE WIE MENSCHEN AUF DEM PLANETEN.

BLEIBT NUR DIE FRAGE..

WELCHE SECHS LEUTE HABEN WEGEN MIR KEINS?

© Der/die Autor(en), exklusiv lizenziert durch
Springer Fachmedien Wiesbaden GmbH, ein Teil von Springer Nature 2021
R. Drechsler und J. Stoppe, *Noch analog oder lebst Du schon?*
https://doi.org/10.1007/978-3-658-32413-1_2

NOERDMAN #5: BITS

COMPUTER SPEICHERN ALLES ALS BITS. 0 ODER 1.

ICH STELLE MIR BITS GERNE ALS KLEINE LAMPEN VOR. 0: DIE LAMPE IST AUS. 1: SIE IST AN.

DANN SIND AUF MEINER SPEICHERKARTE 250 MAL SO VIELE LAMPEN WIE MENSCHEN AUF DER ERDE.

zum Bau von Rechnern – diese ermöglichten immer schnellere Berechnungen, aber die Systeme waren nicht nur sehr groß, denn sie füllten oft ganze Räume, sondern darüber hinaus auch sehr fehleranfällig. So kamen Elektronenröhren zum Einsatz, die häufig ausgetauscht werden mussten. Allerdings zeigte sich, dass durch diese Maschinen – so einfach sie uns heute auch erscheinen mögen – sehr schnelle Berechnungen durchgeführt werden konnten.

Eine Erfindung revolutionierte die Bauweise von Computern: 1947 erfanden John Bardeen, William B. Shockley und Walter Brattain den Transistor. Dafür gab es 1956 sogar den Nobelpreis für Physik. Darauf aufbauend war es in der Folgezeit möglich, Computerchips auf Siliziumbasis herzustellen. Dies wurde erstmals 1954 von Gordon Teal vorgestellt und 1955 entwickelten die Bell Labs einen Computer namens *TRADIC* – ja, die Entwickler hatten die Computer so lieb gewonnen, dass sie ihnen immer Namen gaben. Es war der ersten Computer auf Transistorbasis mit 800 Transistoren. Er war sowohl robuster als auch schneller als bisherige röhrenbasierte Computer. Die zugrundeliegende Technik wurde noch in vielfacher Form verfeinert und

800 TEILE IN EINEM CHIP... WIE EIN PUZZLE MIT 800 TEILEN.

20 MILLIARDEN TEILE? SCHON VIEL SPORTLICHER.

weiterentwickelt, bildet aber bis heute die Grundlage moderner Computerchips.

Doch das war erst der Anfang einer rasanten Entwicklung: Die Firma Intel entwickelte 1971 den 4004, einen Chip mit einer Zentraleinheit als wesentlichem Bestandteil – aus 2.250 Transistoren. Dieser gilt noch heute als der erste, richtige Mikroprozessor. Doch zu dieser Zeit waren die meisten Geräte, die zum Kauf angeboten wurden sehr teuer, sodass sich Privatpersonen diese kaum leisten konnten. Das änderte sich in den USA, als 1974 Altair – ein Mikrocomputerbausatz für weniger als 400 Dollar – auf den Markt kam. Damit kam die Technologie in die Reichweite der Nerds. Und weniger als 50 Jahre später gibt es mehr Computer, Handys und Smartphones als Menschen auf der Welt... eigentlich unglaublich.

Während die ersten Computer noch Tonnen wogen und ganze Räume füllten, sind heutige Computerchips, die eine tausendfache Rechenleistung zur Verfügung stellen, auf wenigen Quadratzentimetern zu realisieren. Verantwortlich hierfür ist die über Jahrzehnte anhaltende extreme Miniaturisierung: Schon seit den 70er Jahren des letzten Jahrhunderts hat man ein exponentielles Wachstum be-

DIE GESCHWINDIGKEIT DIESER ENTWICKLUNG IST NICHT ZU UNTERSCHÄTZEN.

VIELE MENSCHEN, DIE DIE ERFINDUNG DES COMPUTERS MITERLEBT HABEN, SIND NOCH GESUND UND MUNTER.

obachten können – alle 18 Monate konnte die Packungsdichte auf Chips verdoppelt werden. Dies hat dazu geführt, dass heutige Computerchips aus mehr als 20 Milliarden Komponenten bestehen. Dieses Wachstum ist auch als Moores Law – das Gesetz von Moore – bekannt. Gorden Moore war einer der Gründer der Firma Intel und hatte diese Entwicklung vorhergesagt. Insofern handelt es sich auch nicht um ein Gesetz, aber um eine sehr präzise Prognose. Exponentielles Wachstum ist sehr schwer zu fassen, aber zumindest wurde der Begriff im Zuge von Corona ausführlich erläutert und diskutiert. Nochmals zur Erinnerung: Anfang der 70er Jahre waren es noch 2.000 Transistoren pro Chip, heute sind es über 20.000.000.000.

Während die Anzahl der Bauteile in extremer Weise zugenommen haben, ist die Fläche, auf denen die Schaltungen entstehen, nahezu konstant geblieben und beträgt nur wenige Quadratzentimeter; ungefähr die Größe eines

COMPUTERCHIPS KÖNNEN IMMER MEHR, SIND ABER IN ETWA GLEICH GROß GEBLIEBEN.

Geldstücks. Die Strukturbreite der gefertigten Schaltungen ist bei 5nm angekommen. Dabei ist 1nm das Tausendstel eines Tausendstels eines Tausendstels eines Meters – und liegt damit selbst unterhalb der Größe der kleinsten Viren.

Während die Größe der Schaltungen dramatisch abgenommen hat, hat die Geschwindigkeit rasant zugenommen. So werden moderne Schaltungen mit einer Taktfrequenz von mehreren Giga-Hertz betrieben. Ein Hertz ist hierbei die Anzahl der sich wiederholenden Schritte pro Sekunde. Somit hat ein menschliches Herz um die 60 Hertz – vielleicht 100, wenn man etwas aufgeregt ist. Das Herz des Computers schlägt heute mit mehreren Giga-Hertz, d. h. bei 1 Giga-Hertz können – unter der Annahme, dass pro Takt bzw. Herzschlag ein Befehl berechnet wird – bis zu 1.000.000.000 Befehle ausgeführt werden. Allerdings muss man sich auch darüber im Klaren sein, dass dies sehr einfache Befehle sind, wie die Addition von zwei Zahlen. Möchte man, dass ein Computer eine schwierige Aufgabe löst, muss das oft in Tausende und Millionen dieser einfachen Befehle übersetze werden.

COMPUTER SIND DABEI NICHT NUR PCS UND LAPTOPS. In vielen Geräten unseres täglichen Lebens finden wir heute Computerchips: in Smartphones, Automobilen oder Küchengeräten. Überall wo Elektronik zum Einsatz kommt befinden sich Computerchips und die Anwendungsgebiete profitieren damit unmittelbar von diesen Entwicklungen.

DIE GESCHWINDIGKEIT DER COMPUTER IST IN DEN LETZTEN JAHREN NICHT MEHR SO STARK GESTIEGEN.

DAFÜR KÖNNEN IMMER MEHR BEFEHLE GLEICHZEITIG AUSGEFÜHRT WERDEN.

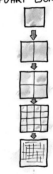

Während wir bei Computer-Monitoren und Fernsehern beobachten, dass die Größe weiter zunimmt, so dass man mehr Inhalte darstellen kann oder sich eine Kino-Atmosphäre nach Hause bringt, ist es bei mobilen Geräten nicht immer so einfach. Denn hier gibt es unterschiedliche Bedarfe: Während manchmal ein sehr kleines Gerät gewünscht wird, das in die Tasche passt, möchte man in anderen Fällen möglichst viel anzeigen können. Ideal wäre natürlich ein Gerät, das die Darstellungsfläche dynamisch anpassen kann. Auch wenn dies heute noch nicht machbar ist, lassen aktuelle Entwicklungen im Bereich neuer Technologien und Materialien erwarten, dass dies sich schon bald ändern wird.

Doch während sich die Speicherkapazität von Rechnern stetig weiterentwickelt hat, kann man sehen, dass der Taktfrequenz

WARUM SOLLEN SICH DIE GERÄTE IN DER GRÖẞE VERÄNDERN...

... WENN IMMER MEHR MENSCHEN GERÄTE ALLER GRÖẞEN HABEN?

DER PROZESSOR LÄUFT MIT ÜBER 3 GHZ... DAS IST MITTEN IM MIKROWELLENBEREICH!

NOERDMAN # 25: MIKROWELLEN

MAN MUSS ALSO NUR DAS GEHÄUSE OFFEN LASSEN UND ESSEN REINSTELLEN!

UH... WOFÜR?

WARMES ESSEN! OHNE AUFZUSTEHEN!

Grenzen gesetzt sind. Durch die hohe Geschwindigkeit wird viel Wärme generiert, die abgeführt werden muss. Punktuell haben Computerchips eine Temperatur wie eine Herdplatte. Man kann hier mit alternativen Kühltechniken wie z. B. Wasserkühlung Abhilfe schaffen, aber für mobile Geräte ist das schwierig umzusetzen.

Eine Möglichkeit, die Wärme zu verteilen, ist die Verwendung von mehreren Rechnern gleichzeitig – sogenannte Multi-Core-Prozessoren. Die Idee dabei ist schnell erklärt: Statt einen Prozessor immer weiter zu optimieren, nimmt man mehrere einfachere, die in der Leistung zusammengenommen aber besser sind. Man nutzt den Aspekt der Parallelität. Allerdings sind hier auch Grenzen der Beschleunigung gegeben, da viele Inhalte in Computerprogrammen voneinander abhängen: Ähnlich bei dem Bau eines Hauses, bei

MEHR PARALLELE RECHENEINHEITEN ERFORDERN AUCH NEUE PROGRAMMIER-PARADIGMEN...

ALSO MEHR ARBEIT FÜR PROGRAMMIERER FÜR DIE NÄCHSTEN JAHRE.

WOLLEN WIR UNS MIT DER RECHNERWÄRME ETWAS KOCHEN? ICH HÄTTE NOCH EINE IDEE.

NOERDMAN.DE

NOERDMAN #26: POMMES

ICH HABE DEN RECHNER MIT ÖL GEFÜLLT. JETZT IST ER FLÜSTERLEISE UND MACHT MIR POMMES!

... ZUMINDEST, WENN ER GLEICHZEITIG KRYPTOWÄHRUNGEN SCHÜRFT, DOOM SPIELT, NACH AUSSERIRDISCHEM LEBEN SUCHT UND GCC KOMPILIERT.

dem das Dach erst gebaut werden kann, wenn der Keller fertig ist, gibt es ebenso bei vielen Computer-Programmen und Algorithmen Einschränkungen bezüglich der gleichzeitigen Bearbeitung.

Doch nicht nur die Leistung und die Berechnungen sind bei Computern wichtig. Ganz zentral ist die Speicherung und nicht zuletzt auch die Archivierung von Daten. Ebenso wie die Geschwindigkeit ist auch der verfügbare Speicher in Rechnern dramatisch gewachsen. Die ersten PCs in den 80er Jahren hatten noch einen Hauptspeicher von nur

64 KByte – dies entspricht ungefähr 60.000 Zeichen, die gespeichert werden können. Das klingt erst einmal nicht schlecht, heute könnte damit aber kein einziges Bild, das mit einem modernen Smartphone aufgenommen wurde, gespeichert werden. Der Platz würde nicht ausreichen. Heutige Computer haben schon TeraByte an Speicher.

Allerdings ist es nicht nur das Speichern selbst, was beachtet werden muss, sondern auch die Archivierung. Wir speichern heute sehr wichtige Informationen auf dem Computer und wollen natürlich auch in ferner Zukunft noch darauf zugreifen können. Während wir noch überlieferte Dokumente aus dem alten Ägypten haben, die mehrere tausend Jahre alt sind, gibt es bei modernen Speichermedien oftmals keine Erfahrungswerte wie lange und zuverlässig Daten aufbewahrt werden können. Dies betrifft auch alte Urlaubsdias oder Disketten, auf denen man Daten gespeichert hat. Es ist eine große Herausforderung, die heute existierenden Datenmengen zu strukturieren und für weitere Generationen aufzubereiten.

Durch die hohe Verfügbarkeit von Speicher und Rechenleistung haben sich viele Branchen und Bereiche rasant weiterentwickelt. Moderne Tricktechnik in Kinofilmen oder aktuelle Computerspiele, bei denen die automatisch generierten Szenarien kaum noch von der realen Welt unterschieden werden können, erfordern sehr starke Computer. Häufig sind sogar spezialisierte Computerchips erforderlich, um dies umzusetzen. So gibt es im Bereich der graphischen Datenverarbeitung spezialisierte Computerchips – sogenannte GPUs für die englische Abkürzung *graphics processing unit*. Und auch für den Einsatz im Umfeld der künstlichen Intelligenz gibt es

EINE SPEICHERKARTE FASST INZWISCHEN DIE DATEN VON ÜBER 1400 CDs

eigene Hardware – doch dazu später mehr (siehe Kapitel *Können Computer besser denken als Menschen?*).

Die Situation bezüglich der Komplexität verschärft sich nochmals signifikant, wenn verschiedene Systeme miteinander vernetzt werden. So folgte dem Internet das Internet der Dinge, und es gibt noch weitere Begrifflichkeiten, die der zunehmenden Vernetzung Ausdruck verleihen: Cyber-Physical Systems, Internet 4.0. oder industrielles Internet der Dinge, um nur einige zu nennen. Bei all diesen Ansätzen geht es um zunehmende Verschaltung von unterschiedlichen Komponenten. Das können Computer sein, es geht aber weiter über ganze Systeme, wie Maschinen in Fabrikhallen. Durch die neuen Technologien tun sich viele Möglichkeiten auf.

Die rasante Entwicklung führt aber auch dazu, dass wir uns an die neuen Geräte erst gewöhnen müssen. Oftmals bleibt dafür nicht viel Zeit, und es ist am Nutzer selbst zu entscheiden, welche angebotenen Dienste angenommen werden. Dies merkt man z. B. beim Einsatz von Systemen, die über Sprache gesteuert werden. Hier gab es in den letzten Jahren signifikante Fortschritte: Während

man bei Geräten der ersten Generation noch sehr langsam und deutlich sprechen musste, können die heutigen Verfahren auch sehr gut Dialekte erkennen. Einerseits ist das sehr komfortabel und kommt dem Nutzer entgegen. Andererseits bedeutet es auch, dass die uns umgebenden Geräte alles mithören können und wir damit auch einen Teil unserer Privatsphäre aufgeben.

Bei der Handhabung der Geräte hat sich aber auch jenseits der Verwendung gesprochener Sprache viel getan. Während Videorekorder noch über viele Knöpfe zur Einstellung verfügten und man dicke Handbücher lesen musste, ist die Bedienung moderner Geräte oftmals sehr intuitiv, sodass uns häufig gar nicht mehr auffällt, dass sie ohne Handbuch geliefert werden. Allerdings nutzt man daher auch oftmals nur einen kleinen Teil der Optionen und andere findet man erst im

ETHISCHE, JURISTISCHE UND SOZIALE ASPEKTE PRÜFEN? KANN DAS NICHT DER COMPILER MACHEN?

Laufe der Zeit durch regelmäßigen Gebrauch oder Austausch mit anderen Nutzern heraus.

Auf Basis all dieser Möglichkeiten gilt es aber auch zu bedenken, ob dadurch vielleicht auch unsere Rechte auf Selbstbestimmtheit und Privatsphäre eingeschränkt werden – vielleicht sogar ohne dass wir es merken. Mit dem zunehmenden Einsatz der Systeme und der rasanten Weiterentwicklung müssen auch ethische und juristische Aspekte mit-gedacht und entwickelt werden. Dies ist auf

europäischer Ebene in der Bezeichnung ELSA
(= ethical, legal and social aspects) abgedeckt
und wird zunehmend bei der Entwicklung
von Systemen von Beginn an berücksichtigt.

Fragen

- Welche Arbeitsabläufe des täglichen Lebens lassen sich parallelisieren und welche müssen streng hintereinander ausgeführt werden?

- Wie sollten und können Daten archiviert und aufbereitet werden? Oder ist es gut, wenn auch Daten und Informationen vergessen werden (können)?

- Ist die zunehmende Vernetzung in unserem Alltag Fluch oder Segen? Welche Abläufe lassen sich dadurch vereinfachen? Welche Probleme gehen damit einher?

- Welche Bereiche von ELSA können Einfluss auf moderne technische Systeme haben?

Können wir uns in einer Welt voller Technik noch erholen?

ERHOLUNG IST WESENTLICH für den Menschen – sowohl körperlich als auch psychisch.

Um Abstand von Stress und Alltag zu gewinnen, ist es geradezu essenziell, sich hin und wieder von der Arbeit (und auch dem Leben zu Hause) zu trennen und einfach mal

NERDIC WALKING

© Der/die Autor(en), exklusiv lizenziert durch
Springer Fachmedien Wiesbaden GmbH, ein Teil von Springer Nature 2021
R. Drechsler und J. Stoppe, *Noch analog oder lebst Du schon?*

woanders tief durchzuatmen. Das jedoch war früher viel einfacher – Arbeit und Freizeit waren räumlich klar voneinander getrennt und wenn man im Urlaub war, war man meist schlicht nicht erreichbar.

Arbeit ist jedoch häufig gekoppelt an eben diese Erreichbarkeit und den Zugriff auf Informationen. Durch moderne Technik ist man jedoch immer und überall erreichbar und alte Grenzen verschwimmen. Dies wird noch verschärft durch die zunehmende Heimarbeit: das *home office*.

Elektronik begleitet uns inzwischen überall. Selbst während nur kurzer Spaziergänge posten wir häufig Bilder in sozialen Medien, wo wir uns gerade befinden oder antworten auf die letzte E-Mail oder Sprachnachricht, die die Kollegin oder der Freund gerade noch geschickt hat.

Dieses Bereitstellen von Inhalten ist aber noch das geringere Mittel, mit dem soziale Medien sich permanent ins Bewusstsein drängen – sie spielen vor allem mit der Sehnsucht nach immer mehr Rückmeldung und Anerkennung. Das Bild vom Spaziergang ist schnell geteilt, aber danach wird regelmäßig überprüft, ob und wie die anderen Nutzer darauf reagieren.

Technologie drängt sich aber nicht nur in bestehende Aktivitäten... teilweise werden sie auch schlicht ersetzt. Computerspiele statt Bolzplatz? Die Technologie fördert damit bestimmt nicht die eigentlich nötige Bewegung – ist aber fraglos sehr faszinierend.

Technologie ist dabei, auch wenn es oft den Anschein hat, nicht unbedingt allumfassend verfügbar – aber die Verfügbarkeit wird zumindest auf einmal ein wichtiges Kriterium bei Gestaltung und Auswahl der Aktivitäten. Während es früher wichtig war, dass man einen Blick aufs Meer hatte, geben heute alle Hotels in Buchungsportalen an, ob es (kostenfreies) WLAN gibt.

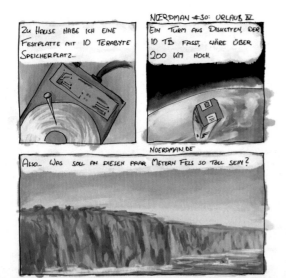

Man kann somit Natur und Technik verbinden, aber schafft das die gewünschte Entspannung und Erholung?

Oftmals fühlen wir uns ohne Technik abgeschnitten von aktuellen Aktivitäten. Doch auch wenn die Computertechnik für sich viele beeindruckende Fakten bereithält, so gilt dies in besonderem Maße für die Natur. Die ist aber nicht „nur" beeindruckend, sie bietet auch etwas, das einem die allgegenwärtige Technik immer schwerer liefern kann: einen Tapetenwechsel. Wenn Arbeit und Heim immer mehr ineinander übergehen, wird der Urlaub das letzte Refugium, um wirklich einmal abschalten zu können...

Diese Notwendigkeit, sich auch mal auszuklinken, steht dazu im Widerspruch, dass wir uns oft doch permanent nach Erreichbarkeit sehnen – es genügt nicht am Start- und Ziel-

punkt erreichbar zu sein, auch zwischendrin
wird es immer wichtiger: sei es in der Bahn
oder inzwischen auch im Flugzeug.

Noch einen Schritt weiter steht eine Angst
vor der Trennung vom Internet: Nomophobie[1]
äußert sich durch Angstzustände und Ner-
vosität, wenn man von seinem Mobiltelefon
getrennt ist oder es schlicht ungewollt aus ist.

[1] Entstanden aus
dem Englischen:
No-Mobile-**Pho**ne-
Pho**bia**, also „kein-
Handy-Phobie"

ANALOGE MEDIEN sind dabei nicht getrennt von dieser neuen Welt zu betrachten. Durch all die Bilder und Videos, die elektronisch (unmittelbar) aus dem Urlaub geschickt werden, könnte man meinen, dass Postkarten nicht mehr benötigt werden. Doch dies ist nicht der Fall. Stattdessen verschmelzen die Medien; Postkarten werden am Smartphone mit den eigenen Fotos und den persönlichen Grüßen gestaltet und per Knopfdruck direkt an den Empfänger versendet.

Alternativ lassen sich zu Reisen durch die ganze Welt viele Dinge auch virtuell erleben. Dies mag einerseits langweilig wirken, da man sich um viele Erfahrungen bringt. Andererseits ist es sehr umweltschonend, erspart einem große Strapazen und – an manchen Orten der Welt – auch Risiken.

Doch auch auf Basis von Elektronik lässt sich Sport und Fitness optimieren. Nicht nur im Leistungssport, wo elektronische Unterstützung heute in nahezu allen Bereichen zum Standard geworden ist, sei es durch Video-Analyse oder Datenverwaltung, sondern auch schon im „Fitness-Studio um die Ecke" werden alle Maschinen elektronisch geregelt. Durch Fitness-Uhren, die wir am Handgelenk tragen, wird über die aktuelle Herzfrequenz informiert und daran erinnert, wenn wir uns zu wenig bewegen. Es können Tagesziele definiert werden, wie viele Treppenstufen man steigen möchte und wie viele Schritte zurückgelegt werden sollen. An dieser Stelle ist es dann auch wieder möglich, elektronische Geräte hilfreich einzusetzen.

SPORTLER NUTZEN COMPUTER, UM IHRE LEISTUNG ZU OPTIMIEREN...

DIE NERDS BASTELN ALSO IM KELLER, UM ANDERER LEUTE MUSKELN AUFZUBAUEN.

Fragen

- Was ist die Voraussetzung für richtige Erholung?
- Kann man sich erholen, wenn man per Smartphone immer erreichbar ist?
- Wie sieht der Urlaub der Zukunft aus?
- Können Reisen in der Zukunft rein virtuell stattfinden?

Wie abhängig sind wir von der modernen Technik?

MODERNE TECHNIK hat in vielen Bereichen
unser Leben sehr bereichert und bequemer
gestaltet. Doch mit dieser Bequemlichkeit geht
auch eine Abhängigkeit einher.

© Der/die Autor(en), exklusiv lizenziert durch
Springer Fachmedien Wiesbaden GmbH, ein Teil von Springer Nature 2021
R. Drechsler und J. Stoppe, *Noch analog oder lebst Du schon?*

Wenn man sich rückbesinnt: man kannte zahlreiche Telefonnummern auswendig. Heute sind diese meist nur auf dem Handy abgespeichert. Doch was passiert, wenn die Batterie leer ist?

Das Gleiche gilt für die Navigation: Man war früher immer darauf angewiesen, sich gut zurechtzufinden. Durch Navigationssysteme finden wir heute leicht unseren Weg, wobei auch Kombinationen von Verkehrsmitteln mit berücksichtigt werden: Wie lange brauche ich zu Fuß, wie lange mit dem Bus? Wenn ich umsteigen muss, wie lange muss ich warten?

Die Systeme übernehmen zahlreiche Aufgaben, man selbst ist darin nicht mehr geschult – und inzwischen sind diese Systeme nicht nur von einer geladenen Batterie abhän-

Routen werden nicht mehr in der Handfläche der Nutzer berechnet, sondern auf vernetzten Zentralrechnern, die aktuelle Informationen über Staus, Zugverspätungen, Unfälle etc. in ihre Kalkulationen einbeziehen können. Die geladene Batterie ist lange kein Garant mehr dafür, dass der Alleskönner aus der Tasche einem helfen kann – ohne hunderte weiterer Systeme, die alle verbunden sind und funktionieren müssen, liefern diese Systeme keine Ergebnisse.

WENN IN ZUKUNFT aber alle Geräte vom Smartphone über den Toaster bis hin zur Waschmaschine auf funktionierende Verbindungen angewiesen sind, kommt diesen eine zentrale Bedeutung zu. Während Telefone dabei noch den „Heimvorteil" haben, mehrere Antennen zu besitzen und auf das Mobilfunknetz ausweichen zu können, wenn der WLAN-Router sich mal wieder aufgehängt hat, ist dies bei den wenigsten „smarten" Geräten der Fall. Das Gerät ist damit nicht mehr so robust wie es selbst entworfen und gebaut (und geladen) wurde. Seine Funktion hängt auch von einer stabilen Verbindung ab – und damit von hunderten von Geräten, die alle verlässlich funktionieren müssen.

DAS „INTERNET DER DINGE" (IoT, „INTERNET OF THINGS") STEHT FÜR EIN NETZ IN DEM NICHT NUR COMPUTER, SONDERN ALLE MÖGLICHEN GERÄTE VERNETZT SIND.

DAS BEDEUTET, DASS GANZ NEUE MÖGLICHKEITEN FÜR BUGS UND FEHLER ENTSTEHEN!

Während tragbare Telefone zu Beginn noch belächelt wurden, sind Smartphones heute zu unseren täglichen Begleitern geworden. Hierbei ist das Telefonieren nur eine der vielen Aufgaben, die das Gerät übernimmt. Es ist Radio, Internet-Zugang, Wecker, Navigationsgerät, Kamera... und vieles mehr. Doch welche neuen Geräte werden wir in Zukunft in unserer Umgebung finden – bei der Arbeit und im Privaten?

ROBOTER könnten – so wird oft spekuliert – schon in naher Zukunft viele der Aufgaben übernehmen, die im Haushalt anstehen. Die Realität zeigt: Bis heute funktioniert dies (leidlich) verlässlich nur beim Rasenmähen und Staubsaugen – und auch das nur mit Einschränkung, denn um die Treppen muss man sich selbst kümmern.

In der Fertigung und in Fabriken kommen sie häufig zum Einsatz – aber immer in einer klar definierten Umgebung. Gerade bei komplexeren Zusammenhängen gibt es bisher wenig Ansätze zur Lösung. Roboter können ein Softeis servieren, wenn die Abläufe klar definiert sind und befolgt werden können – und der Becher nicht aus dem Greifer rutscht. Jenseits dieser Gebiete ist noch viel Forschung und Entwicklung erforderlich, um Roboter in unseren „normalen Alltag" zu integrieren.

DIE VIELZAHL UND VERFÜGBARKEIT DER SYSTEME erlaubt dabei gleichzeitig ihre Nutzung in unterschiedlichen Kontexten. Robotik kommt nicht nur in Fabriken und im Wohnungsflur zum Einsatz – Privat- und Arbeitsleben verschmelzen immer mehr in Bezug auf Ver-

Die Nutzung von Technologie zur Erhaltung der eigenen Gesundheit – sei es die Insulinpumpe oder das Strahlenmessgerät – ist damit zwar immer noch die plakativste, aber lange nicht mehr die verbreitetste Art, sich abhängig zu machen. Heute fällt es insgesamt schwer – wenn auch nur kurz – vollständig auf Elektronik zu verzichten. Musste man sich

in den Anfangsjahren mobiler Telefone noch dafür rechtfertigen eines zu haben, wird man heute oftmals mit Unverständnis gestraft, wenn man nicht permanent Zugriff hat.

FÜR ALLES GIBT ES EINE APP. Ob für den Urlaub, die Arbeit oder nahezu jeden anderen Aspekt des Privatlebens – Apps unterstützen uns bei allem, häufig umsonst oder zu dem Preis einer halben Tasse Kaffee.

Während sich noch vor zehn Jahren Webseiten angeschickt haben, ubiquitäre (also überall verfügbare) Computer-Anwendungen zu versprechen, sind Apps die neue, sprichwörtliche eierlegende Wollmilchsau geworden.

Selten sind sie dabei mehr als Webseiten, die auf das Gerät heruntergeladen werden – mit dem Vorteil für den Hersteller, dass Anwendung und Webseite nicht getrennt gepflegt werden müssen – und Apps obendrein den Zugriff auf geradezu unglaubliche Mengen persönlicher Daten der Nutzer deutlich

DIE ERLEICHTERUNGEN, die uns die moderne Elektronik dabei bietet, wird immer häufiger konterkariert – gerade bei der Einführung neuer Systeme.

Oftmals merkt man erst im Betrieb, dass nicht alles bis zu Ende bedacht wurde – aber die vernetzte Natur der Systeme erlaubt ja problemlos, dass Fehler aller Art im laufenden Betrieb behoben werden. Der Nutzer wird so immer häufiger unfreiwillig zum Produkttester; die vernetzten Produkte selbst erfassen alle nötigen Daten für eine Fehlerbehebung – und die Marktstudie, was gefällt, gleich obendrein.

DAS INTERNET bildet damit das Fundament aller Dienstleistungen, von denen wir uns abhängig machen. Zu Beginn in einem anderen Kontext geplant und vor die Aufgabe gestellt, dieses unglaubliche Wachstum innerhalb kürzester Zeit zu stemmen, haben sich auch die Anforderungen an Protokolle, mit denen die Daten ausgetauscht werden, verändert – diese müssen mitwachsen.

FRÜHER BESTANDEN INTERNETADRESSEN AUS VIER ZAHLEN VON NULL BIS 255...

154 102 22 124

DAS MACHT 256^4 ADRESSEN... ALSO GUT VIER MILLIARDEN.

UND DIE WAREN ALLE VERBRAUCHT?

IRRE, NICHT?

DAS NEUE SYSTEM, IPv6, BENUTZT NUN 8 ZAHLEN VON NULL BIS 65535...

65151 0 0 0

1727 8213 47189 10747

SO HABEN WIR AUF JEDEN FALL GENUG ADRESSEN.

VORERST.

NERDMAN #44: IPv6

DASS DU EINE ART TELEFONBUCH MIT WICHTIGEN IP-ADRESSEN HAST HABE ICH VERSTANDEN...

...ABER SEITDEM DIE MENGE DER VERNETZTEN SYSTEME GRÖSSER GEWORDEN IST ALS DIE MENGE DER MÖGLICHEN ADRESSEN...

NERDMAN.DE

...WURDEN JA CA DREI MAL SO LANGE „IPv6"-ADRESSEN EINGEFÜHRT. WIE SOLLEN DIE IN DEIN NOTIZBUCH PASSEN?

IPv6 IST DAFÜR TATSÄCHLICH UNPRAKTISCH... ABER ICH HABE VORGESORGT. HIER, SCHAU!

Die Umstellung im laufenden Betrieb von dem System, das „nur" 4.294.967.296 Computer adressieren konnte (die bereits 2011 verbraucht waren) hin zu einem System, das mit geradezu unvorstellbaren 340 Sextillionen[2] Adressen zumindest auf absehbare Zeit dieses Problem nicht mehr hat, ist noch lange nicht abgeschlossen.

Um der Abhängigkeit zu potenziell unzuverlässigen Systemen entgegenzuwirken, haben wir heute für die meisten Systeme noch eine oder mehrere Rückfallposition(en).

So wie Wegweiser die Navigation nicht nur erleichtern, sondern im Fall leerer Akkus überhaupt erst ermöglichen, kommen die meisten Dienste mit mehreren Sicherheitsebenen, die im Fall der Fälle zumindest eine Wiederherstellung aller Daten ermöglichen sollen, sollte sich ein System einmal unvorhergesehen verabschieden.

[2] Genau genommen 340 282 366 920 938 463 463 374 607 431 768 211 456 Adressen, aber die Zahl passt leider nicht in eine Zeile dieses Formats...

Gerade in der letzten Jahren wurde jedoch auch die positive Seite der vernetzten Welt sichtbar: viele Prozesse sind auch auf Distanz möglich. Home Office wurde umgesetzt und durch neue Gegebenheiten konnten Menschen kommunizieren, die noch vor wenigen Jahren voneinander abgeschnitten gewesen wären.

Fragen

- Gibt es einen „Grundschatz" an Informationen, den man selbst verinnerlichen muss und nicht einem technischen System überlassen sollte?

- Welche App könnte man als nutzlos ansehen, will aber trotzdem auf keinen Fall darauf verzichten?

- Wird es in einer Zukunft mit verbesserten Navigationssyste-

- Wenn wir immer abhängig von Infrastruktur und Technologie, sowie von Umwelt und Umgebung waren, ist es dann wirklich kritisch, sich nun von einer neuen Technologie abhängig zu machen?

- Reden wir eigentlich tatsächlich von einer Abhängigkeit oder doch nur von Gewohnheiten, die sich schlecht ablegen lassen? Sind Technologien wirklich wie Zigaretten oder doch eher wie die eine Lieblingstasse, die man irgendwie immer haben will, aber ohne die man auch mal ein paar Tage gut auskommt?

Wie kommunizieren wir miteinander?

Die Verfügbarkeit von Technik hat die Kommunikation grundlegend verändert. Insbesondere die mobilen Geräte führen dazu, dass man nicht nur immer und überall Zugriff auf praktisch den gesamten Informationsschatz der Menschheit hat, sondern auch jeden überall erreichen kann. Das Smartphone ist immer weniger ein Medienkonsumgerät und immer mehr der Anschluss an das globale Kollektiv.

Der Umkehrschluss zieht damit jedoch auch einher: Man selbst ist immer und überall erreichbar – oder es wird zumindest erwartet. In den vorherigen Kapiteln wurden dabei eher die technischen Aspekte behandelt – wie aber geht es uns damit?

Diese Verfügbarkeit führt zu zahlreichen Veränderungen in unserem täglichen Leben, z. B. beim Einkaufen. Früher war Einkaufen meist eine sehr persönliche Sache mit Beratung durch Verkäufer und Fachpersonal, aber durch das Internet sind viele dieser Prozesse verändert worden.

„Der erste Kontakt bleibt persönlich"?

„Tinder" sieht das anders.

DAS SEMESTER GEHT BALD LOS... HAST DU SCHON EINE WOHNUNG?
ICH SCHAUE NOCH IM NETZ... ABER DA IST ALLES SO KOMISCH!
WIESO KOMISCH?
DIE WGS UND VERMIETER WOLLEN ALLE DASS ICH SIE ANRUFE ODER IHNEN EINE MAIL SCHREIBE..
JA... UND?
NOERDMAN #12
WARUM DAS DENN?? HABEN DIE VON AMAZON NICHTS GELERNT?
EIN BUTTON!
KAUFEN - ZACK!
NOERDMAN.DE
VIELLEICHT IST IN DIESEM FALL ABER NICHT DIE WOHNUNG DAS, WAS ANGEBOTEN WIRD, SONDERN DU?
ABER... ICH ZAHLE DOCH!
ICH GLAUBE, DU UNTERSCHÄTZT DEN PREIS DEN MAN ZAHLT, WENN MAN MIT DIR ZUSAMMEN WOHNT.

Doch im Leben gibt es weiterhin viele Dinge, die man persönlich regeln möchte. Und auch in Zukunft wird es immer den Moment der ersten Kontaktaufnahme geben. Ob dies ein Ansprechen von Fremden in einer Bar, im Club oder im Park ist: so ganz einfach wird das wohl nie werden. Wobei auch hier soziale Medien und das Internet immer mehr an Bedeutung gewinnen – immer mehr Beziehungen beginnen nicht in der Schule oder im Supermarkt, sondern im Netz.

DASS KONTAKTE INS NETZ VERLAGERT WERDEN, VERÄNDERT AUCH DIE SPRACHE. Man denke nur an die vielen Kurzformen wie *lol*[3] oder *omg*[4] – natürlich viel aus dem Englischen. Viele der auftauchenden Sprachkonstrukte entstehen interessanterweise eher aus der Begrenztheit der Technologie statt durch ihre Möglichkeiten. Abkürzungen sind oft entstanden, um weniger tippen zu müssen oder eine Nachricht unter eine bestimmte Höchstgrenze erlaubter Zeichen zu drücken.

Ein ähnliches Problem entsteht, wenn die Technologie Texte verstümmelt, weil Sonderzeichen nicht korrekt übertragen werden. Umlaute, Smileys,... Was wurde nicht schon alles beim Transport von der einen Tastatur zum anderen Monitor verschluckt. Erst jetzt, nach Jahrzehnten, hat man das langsam im Griff – denkt man zumindest immer, bis dann wieder eine E-Mail ankommt, die offensichtlich Zeichen enthält, die da so bestimmt nicht

[3] „laughing out loud", also „laut lachend"
[4] „oh mein Gott"

UNICODE LÖST ALE DIESE ZEICHENSATZ-PROBLEME.

WIE SO OFT IST DAS PROBLEM NICHT, EINE TECHNISCHE LÖSUNG ZU FINDEN – SONDERN NUR NOCH, SIE AUCH ÜBERALL ANZUWENDEN.

Die Vorteile überwiegen jedoch meist.

Durch die Technik wurden neue Möglichkeiten entwickelt, Menschen weltweit zu vernetzen. Man kann sich mit Personen verbinden, die einem wichtig sind, mit denen man Dinge absprechen oder klären muss oder die gleiche Interessen teilen.

Das Internet ist voller Foren und anderer Plattformen für selbst die kleinsten Nischen-Hobbies. Seien es Modelleisenbahnbäume, Kinderfernsehserien aus den 1960ern oder kleine, überteuerte Plastikfiguren, die Laserkanonen halten. Man findet für praktisch jedes Thema ein paar Gleichgesinnte. Auch die Begeisterung für die neue Technologie selbst und die sich daraus ergebenden Möglichkeiten bringt viele Menschen zusammen.

Mobile Geräte bieten dabei mehr Verfügbarkeit, die grundlegende Technik ist jedoch gleich geblieben: eine Person ruft eine andere an, eine Person schickt der anderen einen Text etc. Auch Möglichkeiten wie Konferenzschaltungen, die dazugekommen sind, ändern meistens nichts an diesen wenigen, fundamentalen Funktionen.

Trotzdem bleibt Interoperabilität ein Problem: WhatsApp, iMessage, Signal, Threema,

NATÜRLICH IST VERFÜGBARKEIT DAS NEUE... ABER DAS IST WICHTIG!

EINE TASCHENLAMPE IST SCHLIEßLICH AUCH ETWAS ANDERES ALS EINE STRAßENLATERNE!

dungen zur Kommunikation ist lang, aber Nachrichten unter diesen Anwendungen austauschen ist nach wie vor unmöglich. Schnittstellen werden nicht offengelegt, stattdessen installieren immer mehr Nutzer drei oder vier vom Funktionsumfang nahezu identische Programme auf ihren Geräten, um mit verschiedenen Freundeskreisen kommunizieren zu können – oder nehmen in Kauf, dass sie in manchen Diskussionen außen vor sind.

Ein Beispiel dafür ist die Kontaktaufnahme mit Personen in der direkten Umgebung. Erste Anwendungen existieren, aber letztlich gibt es aktuell nur einen Hersteller von Handys, der diese Funktion einbaut – und so bleibt der Rest der Gemeinschaft erstmal außen vor und

OFFENE STANDARDS!

OFFENE QUELLCODES!

OFFENE PUBLIKATIONEN!

WO WÄREN WIR BLOSS, WENN INTEROPERABILITÄT KEIN PROBLEM WÄR?

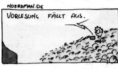

Die Vertrauenswürdigkeit dieser neuen Kanäle ist dabei essenziell. Wenn der Übertragung selbst nicht vertraut werden kann, wenn man nicht weiß, von wem welche Nachrichten stammen, dann kann dem Medium, das diese Kanäle nutzt, auch nicht vertraut werden.

Das, was früher das Briefgeheimnis war, ist immer noch die Voraussetzung dafür, dass man ein Medium guten Gewissens nutzen kann. Wenn wir all unsere Daten über unsere technischen Geräte austauschen, dann müssen wir auch sicher sein, dass niemand die Daten mitlesen kann. Da so viele verschiedene Parteien an der Übertragung der Daten beteiligt sind, ist das keine einfache Aufgabe – Gutgläubigkeit ist hier keine Lösung. Glücklicherweise ist die Verschlüsselung von Daten inzwischen etabliert und – so scheint es auch nach den diversen Enthüllungen von Abhörprogrammen von Regierungen – nach wie vor

Um zu erreichen, dass Verschlüsselungs-
technologien benutzt werden, müssen sie aber
auch bedienbar sein. Gerade Instant Messen-
ger (also Chat-Programme) und die sichere
Übertragung von Webseiten haben gezeigt,
dass eine Verschlüsselung zwischen zwei Parteien kein Problem sein muss – sie darf nur
nicht stören.

Dabei haben die Nutzer nicht mehr die
Herangehensweise an Technologie wie vor
ein paar Jahrzehnten: Anleitungen werden
nicht nur nicht mehr gelesen, sie werden gar
nicht mehr gedruckt. Stattdessen müssen
Technik und Kommunikationskanäle selbster-
klärend und -konfigurierend sein. Bestehende
Konventionen zur Nutzung werden dabei
Voraussetzung, um eine Technologie zu ver-
wenden – und gleichzeitig eine immer höhere
Einstiegshürde für diejenigen, die mit diesen

Vgl. Kapitel „Wie
sicher brauchen wir
die Welt?"

Fragen

- Wie haben sich Menschen vor 25 Jahren typischerweise kennengelernt und wie werden wir in 25 Jahren neue Menschen kennenlernen?

- Welche Kurzformen – Abkürzungen oder Emojis – werden häufig eingesetzt? Gibt es Situationen ...

  1. ...bei denen diese Kurzformen unangebracht sind?
  2. ...bei denen bis heute noch eine angemessene Kurzform fehlt?

- Welche Anwendungen gibt es für technische Systeme, die Kontakt mit ihrer unmittelbaren Umgebung aufnehmen können?

- Bei welchen technologischen Entwicklungen sollte eine weitergehende Diskussion über den Nutzen und möglichen Missbrauch stattfinden?

Wie sicher brauchen wir die Welt?

DIE ERFASSUNG GROSSER DATENMENGEN führt
zu neuen Fragen bezüglich der Sicherheit der
sie verarbeitenden Computer und des eigenen
Verhaltens.

Wie viel wird über mich erfasst? Wie kann
ich sicherstellen, dass in einer digitalen Welt,
in der man von überall auf alles zugreifen
kann, meine Daten und Zugänge sicher sind?

© Der/die Autor(en), exklusiv lizenziert durch
Springer Fachmedien Wiesbaden GmbH, ein Teil von Springer Nature 2021
R. Drechsler und J. Stoppe, *Noch analog oder lebst Du schon?*
https://doi.org/10.1007/978-3-658-32413-1_6

Geheime Informationen zu speichern ist kein neues Thema. Schon seit dem Altertum haben Menschen versucht, Informationen zu verstecken, z. B. durch das Vertauschen von Buchstaben in Texten oder Skytale. So war es möglich, Nachrichten (per Boten) zu übermitteln – sollten sie abgefangen wurden, konnte man den Inhalt nicht (unmittelbar) nutzen.

Heute läuft nahezu die gesamte Korrespondenz elektronisch – gerade in den letzten Jahren immer mehr per E-Mail. Immer mehr private Informationen werden elektronisch gespeichert, seien es Bilder, Dokumente oder andere Aufzeichnungen – und immer mehr davon nicht einmal auf dem eigenen Computer (der ebenfalls im Internet ist), sondern direkt auf Speichern von Dienstleistern.

Den Zugang zu schützen – z. B. mit einem Passwort – ist dabei der naheliegendste Schritt, aber heutige Rechner können Millionen von Passwörtern pro Sekunde einfach ausprobieren, daher ist es wichtig lange Chiffren zu nehmen, die noch dazu möglichst unregelmäßig sind. So sollten Eigennamen

vermieden werden. Die Balance zwischen der Sicherheit des Passworts und der Anforderung, dass man sie sich trotzdem merken können muss, ist dabei allerdings nach wie vor ein Problem – dazu später noch mehr.

Auch Netzwerke müssen geschützt werden. In Anlehnung an das Sinnbild eines Brandwalls wird hier der Begriff der Firewall verwendet.

Die grundlegende Frage ist dabei immer, wie berechtigte Nutzerinnen und Nutzer Zugang bekommen, aber unwillkommene Eindringlinge ferngehalten werden können.

Es ist auch wichtig, dass man E-Mails verschlüsselt. Wenn von Sender bis Empfänger die Verschlüsselung sichergestellt ist, spricht

EINE „FIREWALL" SOLL FEHLERHAFTE TEILE DES NETZWERKES ABSCHIRMEN...

WÄREN EINFACH ALLE TEILE FEHLERFREI, BRÄUCHTE MAN SIE NICHT.

Es gilt also immer, einen Kompromiss zwischen Bedienbarkeit und Sicherheit zu finden. Für diese Balance nutzen immer mehr Menschen biometrische Daten, um ihre Zugänge zu sichern. Fingerabdruck oder Irismuster können nicht vergessen werden. Man muss sich aber darüber im Klaren sein, dass ein Passwort geändert werden kann, wenn es bekannt geworden ist – biometrische Daten lassen sich nicht ändern.

Je mehr Aspekte der Digitalisierung alle Bereiche unseres täglichen Lebens durchdringen, desto kritischer werden Sicherheitsfragen.

Selbst demokratische Wahlen werden – wenn auch nicht in Deutschland – zunehmend mit elektronischen Wahlmaschinen durchgeführt. Dabei muss nicht nur sichergestellt werden, dass jede Person genau eine Stimme hat, die auch nur 1x abgegeben werden kann, es müssen auch alle Schritte nachvollziehbar sein. Dies steht natürlich in einem gewissen Widerspruch zur Anonymität.

Bis jetzt wurde kein System ersonnen, das den Anforderungen an demokratische Wahlen gerecht wird, und viele Experten mahnen nach wie vor zur Vorsicht. Zwar sind auch die klassischen, „analogen" Wahlen angreifbar, aber digitale Prozesse haben immer mit einem Problem zu kämpfen: ist erst einmal eine Sicherheitslücke gefunden, skalieren Angriffe sehr schnell – und statt nur einer handvoll können dann quasi beliebig viele Stimmen

NOCH WERDEN IN DEUTSCHLAND DIE WAHLEN ANALOG ABGEHALTEN...

SICHERHEIT UND ANONYMITÄT MÜSSEN IMMER GEWÄHRLEISTET BLEIBEN.

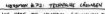

NOERDMAN #72: TECHNISCHE LÖSUNGEN

ICH HABE MIR NOCHMAL GEDANKEN ZU WAHLSYSTEMEN GEMACHT. TECHNISCHE LÖSUNGEN SIND GAR NICHT SO EINFACH.

INWIEFERN?

DIE GANZEN KRITERIEN! NATÜRLICH MUSS EINE WAHL SICHER SEIN. DA DARF NIEMAND MANIPULIEREN KÖNNEN.

SIE MUSS AUCH GEHEIM SEIN. NIEMAND DARF WISSEN, WER WELCHE STIMME ABGEGEBEN HAT.

DANN NOCH NACHVOLLZIEHBAR UND ZWAR LAUT DEM BUNDESVERFASSUNGS-GERICHT VON JEDEM, OHNE „BESONDERE SACHKENNTNIS".

DAS ALLES ZUSAMMEN IN EIN SYSTEM ZU GIEßEN IST GAR NICHT SO LEICHT. ICH HÄTTE DA EINE IDEE!

HM?

NOERDMAN.DE

NOERDMAN #73: ZÄHLMEISTER

ICH BIN SO GESPANNT AUF DEN JOB ALS WAHLHELFER.. ABER AUCH GUT VORBEREITET!

STATISTIKSOFTWARE IST AKTUALISIERT, KRYPTO-KEYS SIND HOCHGELADEN...

..UND FÜR DEN FALL DER FÄLLE: DAS EXCEL-GRUNDLAGEN-BUCH VON MEINER MUTTER.

SPÄTER...

217.. 218.. 219.. 220.. NÄCHSTER STAPEL.. 221..

NOERDMAN.DE

DIE ANZAHL DER KOMBINATIONEN ist bei der Frage der Sicherheit von Passwörtern der zentrale Faktor.

Legt man nur das Alphabet mit 26 Buchstaben (ohne Umlaute) zu Grunde, so lassen sich nur aus den Kleinbuchstaben über 11 Millionen Kombinationen einer Folge von 5 Zeichen erzeugen. Genau genommen sind es:

$$11.881.376 = 26 \cdot 26 \cdot 26 \cdot 26 \cdot 26$$

Das klingt viel und ist für einen Menschen per Hand nicht zu bewerkstelligen, doch eine Maschine kann das häufig in Sekundenschnelle durchprobieren.

Nimmt man noch die Großbuchstaben dazu, sind es schon:

Man sieht: wenn man das Alphabet vergrößert, gibt es deutlich mehr Kombinationen. Daher wird auch häufig gefordert, dass ein Passwort noch eine Zahl und ein Sonderzeichen enthalten muss. Und wenn man noch die vielen hundert Emojis dazunimmt, bekommt man die gleiche Sicherheit in viel kompakterer Form. Dieses komplexe Passwort einzugeben, ist dabei natürlich aktuell noch ein Problem... Zumindest, wenn man keine Bildschirmtastatur hat, die einem neben den Buchstaben auch Emojis anzeigen kann – ähnlich wie Passwörter mit Umlauten, wenn man sich im Ausland befindet. Wenn man das Passwort also nicht ausschließlich auf Tablets oder Smartphones eingeben wird, führt kein Weg an langen Passwörtern vorbei, um für

NICHT NUR INDIVIDUELL ist Datenschutz inzwischen eine geradezu existenzielle Frage. Seit 2018 gibt es die Datenschutzgrundverordnung, nun ist das Thema auch auf der Staatsebene angekommen.

So vieles – selbst unsere Terminplanung – erfolgt oftmals in elektronischer Form. Das Ganze wird dabei zunehmend auch eine Frage der Selbstbestimmtheit – um überhaupt bestimmen zu können, welcher Dienstleister wie mit den eigenen Daten umgeht, braucht man vor allem einen Überblick darüber, wo denn die eigenen Daten liegen und wer welche Rechte daran hat.

Fragen

- Bei welchen Szenarien des täglichen Lebens wünscht man sich geringere Zugangshürden?

- In welchen Situationen hätte man gerne mehr Kontrolle und Sicherheit?

- Sind elektronisch durchgeführte Wahlen genauso sicher wie die klassischen oder können sie es jemals sein?

- Welche Vereinfachungen wünscht man sich im täglichen Leben? Welche Rolle können elektronische Systeme dabei spielen?

Wie lernen wir richtig?

MIT DAS WICHTIGSTE IM LEBEN IST DAS LER-
NEN – sich Wissen und Kenntnisse aneignen.
Doch was und in welcher Form soll man
lernen in einer sich so schnell und radikal
verändernden Welt?

© Der/die Autor(en), exklusiv lizenziert durch
Springer Fachmedien Wiesbaden GmbH, ein Teil von Springer Nature 2021
R. Drechsler und J. Stoppe, *Noch analog oder lebst Du schon?*
https://doi.org/10.1007/978-3-658-32413-1_7

In der Schule gibt es einen Lehrplan – der sich in den letzten Jahrzehnten überraschend wenig verändert hat. Digitalisierung bietet auch hier zahlreiche Möglichkeiten und gerade in der jüngeren Vergangenheit hat sich gezeigt, dass ein schneller Wandel unabdingbar ist. Computer bieten die Möglichkeit, Lernpräferenzen individualisierter zu adressieren, haben dabei paradoxerweise aber die Tendenz, unpersönlich zu sein. Hier die neuen Medien zu nutzen, ohne dabei die Vorteile klassischer Präsenz zu verwerfen, ist fraglos eine große Herausforderung.

Durch die neuen Medien wandeln sich Interessen und Möglichkeiten. Kaum jemand schlägt Fremdwörter oder Übersetzungen in Büchern nach. Digitalisierte Formate haben einfach zu viele, klare Vorteile, z. B. bei Korrekturen oder Ergänzungen. Computer übernehmen dabei immer mehr Rollen: sie

Auch die Arbeitswelt verändert sich. Unsere Großeltern und Eltern waren oft noch ihr Leben lang in einem Beruf, oft sogar in dem selben Betrieb. Heute dagegen geht der Trend zunehmend hin zum lebenslangen Lernen – sowohl weil es immer mehr Möglichkeiten gibt, dies von zu Hause aus zu tun, als auch weil es nötig ist, um auf die immer schneller durchschlagenden Änderungen der Berufswelt zu reagieren: Flexibilität ist gefragt, was nicht nur Möglichkeiten, sondern auch Verunsicherung schafft.

Es gibt heute schon viele Beispiele dafür, dass Automatisierung an Stellen möglich ist, an denen man es nicht erwartet hätte. Wenn aber immer mehr Arbeitsplätze durch Maschinen ersetzt werden, entsteht daraus auch die Notwendigkeit und der Bedarf, das Lernen selbst zu verstehen und zu sehen, was Maschinen zukünftig übernehmen können und was nicht.

SIND COMPUTER ALSO SCHULD AN INSOLVENZEN?

ODER IST COMPUTERVERUEIGERUNG SCHULD?

ODER IST ES DOCH DER KAPITALISMUS?

Die Welt kann von zu Hause erkundet werden. Wenn man von zu Hause aus lernt, dann beschränkt sich das nicht mehr auf Videos über Zellteilung oder Online-Mathearbeitsblätter. Lernen sollte schon immer bedeutet haben, die Welt als solche besser zu verstehen – und das gilt auch für neue Medien. Inzwischen lässt sich jedes Smartphone für ein paar Euro mit einem Stück Pappe und zwei Linsen zu einer VR-Brille umbauen – und auch, wenn damit natürlich viele unserer Sinne außen vor bleiben, ist die Erfahrung für den Mensch als sprichwörtlich „visuelles Tier" eine beeindruckende.

Damit wird die Virtualisierung von Lebensräumen möglich. Beispielsweise können Museen auch auf Distanz besucht werden – Kunstwerke werden so geschützt und gleichzeitig zugänglich und erfahrbar gehalten. Und natürlich ist das nicht „das Gleiche" als würde man eine Statue „in echt" sehen – aber der Taj Mahal lässt sich virtuell trotzdem immersiver erfahren als in einem Buch.

„IMMERSION" STEHT FÜR DAS EINTAUCHEN IN DIESE VIRTUELLE WELT.

VIELLEICHT WILL ICH JA MANCHMAL NUR EIN BUCH LESEN?

Diese Möglichkeit erlaubt damit vor allem, an Erfahrungen teilzuhaben, wenn es anders sonst nicht möglich ist. Egal ob es finanzielle, gesundheitliche oder andere Gründe (wie beispielsweise Angst) sind, die es einem nicht erlauben, vor Ort Dinge zu erleben – Technologie stellt hier keinen Ersatz dar, sondern eine Vereinfachung des Zugangs. Man kann sich so die Umgebung schaffen, die man gerne erleben möchte.

NOERDMAN #84: ECHT VIRTUELLE FERIEN 3

NOERDMAN.DE

Wie genau dies unser Leben in Zukunft prägen wird, ist dabei nicht unbedingt klar. Science-Fiction deckt die volle Bandbreite ab – von Utopien, in denen am Ende ein Holodeck verantwortungsvoll für unzählige Zwecke genutzt wird, bis hin zu Dystopien, in denen die Menschen in virtuelle Welten fliehen und die Verbindung zur Realität verlieren.

MEDIENKOMPETENZ SAGT SICH SO LEICHT. WÄRE DIE VERBREITET GÄBE ES KEINE PHISHING-MAILS MEHR.

Wenn also der verantwortungsvolle Umgang mit diesen neuen Technologien nicht selbstverständlich ist und diese Medien bei Verantwortungslosigkeit sogar gefährlich werden können, muss man lernen, wie man sie sicher einsetzen kann. Medienkompetenz wird damit noch mehr zu einer Schlüsselvoraussetzung – nicht nur für bestimmte Arbeitsplätze, sondern für das Leben in unserer Gesellschaft an sich.

DIE ANEIGNUNG VON WISSEN wird damit auf viele Arten möglich. Es gibt für alles eine App. Oder zehn. Oder mehr.

Schon jetzt ist dieser Ansatz für Sprachen sehr populär – Smartphones erlauben immer häufiger nicht nur die Verbindung zu einem Mentor, sondern werden selbst der Lehrer.

Durch das Internet können wir in digitalen Welten stöbern. Die Menge der angebotenen Inhalte ist unüberschaubar groß und wächst nach wie vor. Oftmals besteht die Schwierigkeit nicht darin, Informationen zu erhalten, sondern vielmehr, sich im übergroßen Angebot zurechtzufinden.

Aber ein Überangebot an vielfältigen Möglichkeiten zu lernen und Dinge zu erfahren... Kann das wirklich etwas Schlechtes sein?

Fragen

- Welche Inhalte sollten in der Schule in Zukunft vermittelt werden und auf welche kann man eher verzichten?

- Ist eine Erweiterung des Lehrangebotes erforderlich? Sollte es z. B. Fächer wie Informatik oder digitale Grundbildung/Kompetenzen in der Schule geben?

- Welche Erfahrung, die man selbst nicht machen kann, würde durch virtuelle Realität ermöglicht?

- Welche Erfahrungen möchte man nur selbst erleben?

Können Computer besser denken als Menschen?

Schon sehr früh wurden die Fähigkeiten der Maschinen erkannt, z. B. sehr schnelle Berechnungen wie Addition und Multiplikation durchzuführen. In diesem Bereich sind die Computer dem Menschen weit überlegen – wir werden nie so schnell arithmetische Aufgaben lösen können wie die Rechenmaschinen. Aber kann ein Rechner auch mehr als nur rechnen? Und das eventuell auch schneller als der Mensch?

KÜNSTLICHE INTELLIGENZ – oder kurz KI – wurde als Begriff vor über 60 Jahren geprägt: ein Teilgebiet der Informatik. Immer wieder hören wir davon, dass Computer herausragende Leistungen erbringen, die uns verblüffen. Sei es, dass ein Computer den Schachweltmeister schlägt oder dass Algorithmen geschaffen werden, die selbst lernen können.

Aber wenn Algorithmen lernen können, können sie dann auch selbst denken? Werden sie irgendwann etwas begreifen und ein Bewusstsein oder einen freien Willen entwickeln? Werden sie komplexe Zusammenhänge verstehen, wie es oftmals für Ironie erforderlich ist?

DER RECHNER KANN SCHNELL RECHNEN...

ABER KÖNNEN DIESE SCHNELLEN RECHNUNGEN DEN ANSCHEIN ERWECKEN, EIN BEWUSSTSEIN ZU HABEN?

ODER GEFÜHLE?

UND WERDEN ES DIE NERDS DANN AUSHALTEN, AUCH VON DEN MASCHINEN GEMIEDEN ZU WERDEN?

In vielen Science-Fiction-Filmen werden diese Themen aufgegriffen und lassen die Phantasie mit uns durchgehen. Bis heute gibt es jedoch keine wissenschaftlichen Ansätze, um dies zu erreichen. Nichtsdestotrotz ist nach wie vor kein Ende bei der Entwicklung der KI in Sicht – und das gibt Hoffnungen und Träumen natürlich weiterhin Nahrung.

EIN MENSCH WIRD IRGENDWANN NICHT MEHR IN DER LAGE SEIN, KIs ALS SOLCHE ZU ERKENNEN.

ABER DANN WIRD ES BESTIMMT KIs GEBEN, DIE DAS KÖNNEN.

Man unterscheidet zwischen *schwacher* und *starker* KI, wobei diese Begriffe ein wenig irreführend sind. Schwache KI ist dabei eine Nischenlösung und kann eine Sache besonders gut (wie beispielsweise Schach spielen), starke KI eine generelle Intelligenz, die prinzipiell alle Probleme lösen kann. Schwache KIs sind dabei nicht schwach im Sinne ihrer Fähigkeiten – sie liefern sehr gute Lösungen für präzise Aufgabenstellungen, die kein Gesamtverständnis der Situation erfordern.

Doch wie kann man überhaupt prüfen, ob eine Maschine intelligent ist? Denn eine klare Definition des Begriffes Intelligenz gibt es nicht. Und je nachdem ob man mit einem Biologen, Informatiker oder Philosophen spricht, bekommt man hier ganz unterschiedliche Antworten.

DER TURING-TEST ist eine populäre Möglichkeit, KIs zu testen. Die Kernidee ist dabei, einer Testperson sowohl eine KI als auch einen anderen Menschen zu präsentieren (mit einheitlicher Schnittstelle, beispielsweise einem Chat) und zu prüfen, ob die Testperson die KI von dem Menschen unterscheiden kann.

Zwar zeigen Chatprogramme und Bots immer eindrucksvollere Ergebnisse, aber letztlich haben diese kein Verständnis von einer Unterhaltung und ihrer Bedeutung und können mit ein paar gezielten Fragen leicht aus dem Konzept gebracht werden. Andersherum wird der Turing-Test inzwischen bestanden, wenn man der KI keine zu aggressiven Fragen stellt. Diese künstlichen Intelligenzen sind also auf den ersten Blick sehr menschlich, auf den zweiten Blick aber nach wie vor weit entfernt davon, so etwas wie ein Bewusstsein zu

Diese KIs – so sehr sie auch den Anschein von Menschlichkeit erwecken – sind am Ende doch nur recht einfache Programme, die auf bestimmte Reize mit bestimmten Aktionen reagieren. Ihr Training entscheidet, wie glaubwürdig diese Imitation von Intelligenz ist – je besser eine KI trainiert werden kann, umso besser kann sie am Ende entscheiden. Je mehr Testfälle für die KI erstellt werden können, desto besser.

IN SIMULIERTEN WELTEN – Spielen, Simulationen etc. – können KIs schnell viel probieren und damit auch schnell viel lernen. Die Ergebnisse sind dabei natürlich immer nur so gut wie das Simulationsmodell. Gerade in Spielen kann man KIs dadurch gut trainieren. Vor allem kann man aber – wenn die Simulation gut genug ist – KIs für die echte Welt in einer Simulation trainieren und anschließend

KIs IN SIMULATIONEN TRAINIEREN...

SIND WIR DAS VIELLEICHT SELBER?

ABWÄGUNG wird dabei immer wichtiger. Je mehr KIs können, desto mehr Aufgaben und Entscheidungen übertragen wir ihnen auch: Anstatt unsere Termine in Papierkalender zu schreiben, fordern wir unser Telefon oder ein Gerät auf dem Küchenschrank auf, unsere Geheimnisse auf fremden Computern abzulegen. Anstatt unseren Einkaufszettel an den Kühlschrank zu heften, rufen wir „hey, Google" und lassen deren Software unsere Sprache analysieren, um zu erkennen, dass wir Geflügelsalami, Butter und ein Medikament brauchen. Das alles sind Informationen, die in den falschen Händen unser Leben auf den Kopf stellen können – aber der KI vertrauen wir.

Diese Abwägung von Sicherheit bzw. Privatsphäre gegenüber dem Nutzen[5] ist allgegenwärtig und wird doch häufig geschickt vergessen – sei es aus Bequemlichkeit oder auf Grund des doch in eine eindeutige Rich-

[5] vgl. Kapitel „Wie sicher brauchen wir die Welt?"

tung gelenkten Marketings. Denn welche Firma bewirbt schon offene ethische Fragen ihres eigenen Geschäftsmodells?

KI ERZIELT INZWISCHEN OFT ÜBERMENSCHLI-CHE ERGEBNISSE – vor allem, wenn man das Problem gut einschränken und anschließend eine KI mit großen Datenmengen trainieren kann. In vielen anderen Bereichen schreiten die KIs immer weiter voran, so dass Ergebnisse auf ähnlichem Niveau wie von Menschen zumindest in greifbare Nähe rücken – das Erstellen von Texten ist so ein Feld. Hierbei geht es nicht darum, den Pulitzer-Preis zu gewinnen, sondern einfache Texte zu erstellen wie z. B. einen Kurzbericht zu einem Sportereignis.

HANDSCHRIFTER-KENNUNG IST SO EINE NISCHE, IN DER KIS MANCHMAL BESSER SIND ALS MENSCHEN

Generell gilt: Je einfacher die Struktur, umso größer die Chance einer erfolgreichen Automatisierung. Gerade Strukturen, die absichtlich so einfach wie möglich gestaltet wurden (wie beispielsweise Verwaltungsabläufe oder Industrieprozesse), lassen sich gut erlernen.

Diese Fortschritte mit der Aussicht auf Ergebnisse, die den von Menschen erzielten in nichts nachstehen, dabei aber beispielsweise keine Personalkosten verursachen, haben einen Trend hin zu immer mehr KI-getroffenen Entscheidungen erzeugt, der nach wie vor anhält. Damit entsteht aber auch eine Frage der Verantwortlichkeit: Wenn eine Entscheidung von einer künstlichen Intelligenz getroffen wird, die einen Schaden verursacht... Wer haftet dann?

KI MUSS GAR NICHT BESSER WERDEN ALS MENSCHEN...

BILLIGER ZU SEIN REICHT VÖLLIG AUS.

NOERDMAN # 88: KI-AUFSATZ I

ICH HABE MIR DEINE HAUSARBEIT MIT DEINEN ÜBERARBEITUNGEN ANGESCHAUT. DER TEXT LIEST SICH SCHON VIEL RUNDER

NOERDMAN.DE

AUF JEDEN FALL MUSS ICH DIR JETZT NICHT MEHR UNTERSTELLEN, DASS ER VON EINER KÜNSTLICHEN INTELLIGENZ GESCHRIEBEN WURDE

WANN SAGST DU IHR, DASS DEIN VERKORKSTER TEXT VON EINER KI KORRIGIERT WURDE?

WENN DU DIE AUTORIN DER KI MEINST... NACHHER.

Ein prominentes (wohl weil plakatives) Beispiel ist dabei immer noch das autonom fahrende Auto: Wer ist Schuld an einem Unfall? Durch selbstlernende Algorithmen weiß nicht einmal der Programmierer, warum sein Programm sich wie verhält – stattdessen wird es einfach oft und ausführlich getestet und irgendwann angenommen, dass nach 10.000 korrekten Entscheidungen wohl auch die 10.001. Entscheidung noch korrekt ausfällt.

FEHLER UND KLEINE MACKEN STEIGERN ALSO DIE QUALITÄT?

KOMMT DESHALB DAS VINYL ZURÜCK?

Diese vermeintliche Perfektion nehmen wir nicht nur hin, wir nutzen sie sogar dankbar als Dienstleistung und lassen uns von den Computern lenken. Beim Online-Shopping schlagen Algorithmen vor, was man sicherlich noch brauchen kann und Abo-Modelle errechnen den Kaffee- oder Windelkonsum und liefern das nächste Paket, kurz bevor man es selber braucht.

Baut man dann noch absichtlich ein paar „menschliche" Macken ein, muss die KI gar nicht den Turing-Test bestehen. Die Erwartung ist nicht, dass die Maschine vom Men-

schon, sie ein wenig menschenähnlicher zu machen, indem man klassisches, menschliches Verhalten bis hin zu Fehlern absichtlich einbaut.

Auch synthetische, gesprochene Sprache wird menschlicher, wenn man Pausen oder Räusperer aufnimmt. All das bedeutet natürlich nicht, dass eine Maschine ein Bewusstsein erlangt oder denken kann. Aber zumindest kann man in der Interaktion darüber hinwegsehen, dass dies noch eine offene Frage ist.

Fragen

- Werden wir Computer als Freunde sehen?

- Wird es in Zukunft Computer geben, die ein Bewusstsein haben?

- In welchen Lebensbereichen sind Computer schon heute überlegen, und in welchen Bereichen werden sie es bald sein? Welche Auswirkungen auf das Arbeitsleben hat dies?

- Gibt es Felder, die durch Computer sicherlich niemals – oder zumindest nicht in absehbarer Zukunft – abgedeckt werden können?

- Sollte ein Computer Rechte erhalten – und wann? Wenn er auf dem (kognitiven) Niveau eines Kindes ist? Eines Heranwachsenden? Eines Erwachsenen? Oder nie?

Bin ich selbst ein Nerd?

Technologie bestimmt unseren Alltag.
Während früher nur eine kleine Gruppe Begeisterter für Elektronik zu haben war, ist man heute eher der Exot, wenn man sich der Technologie verweigert. Erfahrungen, die früher den Nerds vorbehalten waren, macht inzwischen fast jeder: Frust, wenn etwas auf

© Der/die Autor(en), exklusiv lizenziert durch
Springer Fachmedien Wiesbaden GmbH, ein Teil von Springer Nature 2021
R. Drechsler und J. Stoppe, *Noch analog oder lebst Du schon?*
https://doi.org/10.1007/978-3-658-32413-1_9

dem Computer nicht funktioniert – Freude
und Bestätigung, wenn es doch erfolgreich
erledigt werden kann.

Wir laden wie selbstverständlich Apps
herunter und installieren diese. Noch vor ein
paar Jahren musste man einen halben Tag
Bücher studieren oder professionelle Hilfe
holen.

Wir kommunizieren wie selbstverständlich
mit Freunden und Familie. Noch vor ein
paar Jahren musste man einen halben Tag
dafür einplanen, dass endlich ein Modem
eingerichtet war.

Wir spielen mit Freunden und Unbekann-
ten online. Noch vor ein paar Jahren musste man einen halben Tag riesige Computer
und Monitore in Kellerräume schleppen und
dort die Rechner verkabeln, nur um dann zu
merken, dass keiner an ein BNC-Endstück
gedacht hat.

Wir sind zum Nerd geworden.

Die voranschreitende Digitalisierung prägt
Sprache und Kultur. Sie schafft neue Begriffe
und Ausdrücke. Und die Nerds tun dies
natürlich auch.

NA KLAR SIND NETZ
UND COMPUTER
NICHT MEHR DEN
NERDS VORBEHALTEN...

VIELE FORDERN IN-
ZWISCHEN, DEN FREIEN
ZUGANG ZUM INTER-
NET ALS GRUNDRECHT
FESTZUSCHREIBEN.

EIN BNC-ENDSTÜCK
WAR FRÜHER NÖTIG,
UM IN REIHE GESCHAL-
TETE NETZWERKE
ABZUSCHLIESSEN.

NOERDMAN #36: NERDLICHT

ES IST EINE LAUNE DER NATUR... WENN AUF DEM RICHTIGEN BREITENGRAD NACH DER DÄMMERUNG DIE RICHTIGE MENGE FACHTERMINI DURCH DIE IONOSPHÄRE GLEITET ENTSTEHT DAS MAJESTÄTISCHE...

MAGST DU DIE VORHÄNGE ZUZIEHEN? ES BLENDET!

...NERDLICHT.

NOERDMAN.DE

NOERDMAN #37: 2^x

MEIN BRUDER WIRD 30 UND FEIERT GROSS. WILLST DU MIT?

WARUM WARTET DER NICHT NOCH 2 JAHRE AUF DEN RUNDEN GEBURTSTAG?

NOERDMAN.DE

NOERDMAN #41: PHILOSOPHIE

WAS WILLST DU DENN DEINEM ERSTSEMESTER-PATEN MIT AUF DEN WEG GEBEN?

ACH. ES GIBT SO VIELE WICHTIGE ENTSCHEIDUNGEN, DIE IHN DEN REST SEINES LEBENS BEGLEITEN WERDEN...

SO WIE Z.B. ...?

TABS ODER LEERZEICHEN!?

NOERDMAN.DE

Die Logik von 0 und 1, die eigentlich mehr Notwendigkeit und ein kleines Detail für die Funktionsweise der Computer war, prägt nicht nur unser Leben an vielen Stellen, sondern ist auch Teil der Popkultur geworden. Nerdigkeit ist keine Nische mehr – TV-Serien

men Spin-Offs, Referenzen auf Nerd-Themen
finden sich in Hollywood-Blockbustern wider.
Der Nerd als solcher wird, wenn er in der
Disko steht, zum Hipster und damit Teil des
kulturellen Mainstreams.

Je tiefer man sich mit der Nerdkultur aus-
einandersetzt, umso überraschter ist man,
welches Wissen man haben muss oder sich
auch gerne aneignet. Am Ende beißt sich die
Katze in ihren eigenen Schwanz und kommt
zurück auf analoge Medien: De facto Pflicht-
lektüre der Nerds ist „Per Anhalter durch die
Galaxis", die Zahl 42 wird damit zu einem
dieser ominösen Symbole, die längst aus der
Sub- in die Popkultur gewandert sind.

WARUM SOLL ICH NUR
OTTO NORMALVER-
BRAUCHER SEIN,
WENN ICH NACH
FEIERABEND AUCH
OTTO ORKTÖTER
SEIN KANN?

Interessant ist, dass Online-Identitäten –
trotz ihrer Willkür und ihrer Flüchtigkeit –
auf einmal deutlich an Signifikanz gewinnen.
Ein „World of Warcraft"-Charakter wird Teil
der eigenen Identität. Ein Online-Name und
das damit verbundene alter Ego übernehmen
Funktionen, die dieser virtuellen Welt noch
vor ein paar Jahren nur im Science-Fiction
angedichtet wurden: Wer online in einer
Community ist, fühlt sich nicht mehr einsam.

Online-Namen und Domains gewinnen damit auch an Bedeutung: Welche E-Mail-Namen und Aliasse in Spielen lege ich mir zu?

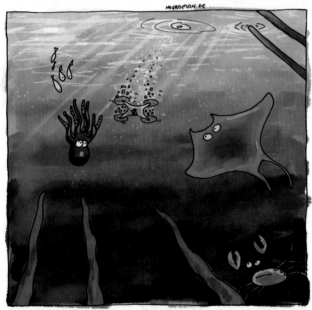

Während man als Nerd vor einigen Jahren noch Akzeptanzprobleme haben konnte, winken heute gut anerkannte Jobs in Technologiefirmen, die alles andere als ein soziales Stigma mit sich bringen.

Das Internet schafft neue Formate und Phänomene wie beispielsweise *Challenges*, in denen sich die Nutzer gegenseitig Aufgaben stellen. Freizeitbeschäftigungen sind hier entstanden, die weit über das klassische ferngelenkte Auto hinausgehen oder es neu erfinden. Online können alle Faszination auf ihre Weise finden – Medienkompetenz und Technologieverständnis als nerdige Kernkompetenzen öffnen einem auf einmal nicht mehr nur die Tür in ein muffiges Kellerbüro, sondern bieten einem ganze Welten, die man entdecken und erfahren kann.

Die „echte" Welt bleibt natürlich auf immer besonders, einzigartig, schützenswert und all dies. Aber vielleicht haben Nerds hier etwas geschaffen, was auch besonders, einzigartig, schützenswert und all dies ist.

Fazit: Technologie begeistert. Sie prägt unsere Gegenwart und wird dies auch mit unserer Zukunft maßgeblich tun. Ein kritischer Umgang mit ihr ist erforderlich – wie mit allem, was neu ist und sich so durchdringend in der Mitte unserer Gesellschaft platziert. Aber: die Fortschritte der letzten Jahre haben die Menschheit auf profunde Weise verändert – und das Tempo nimmt eher zu als ab.

„Der beste Weg, die Zukunft vorauszusagen, ist, sie zu gestalten."

Willy Brandt, dt. Politiker und Friedensnobelpreisträger

GENIEß DIE ECHTE WELT!

ABER GENIEß DIE VIRTUELLE AUCH!

Zu guter Letzt...

Das „Projekt Nœrdman" hat uns von der ersten Idee an begeistert und bis heute nichts an Faszination eingebüßt. Mit viel Spaß und Leidenschaft gibt es jeden Montag einen neuen Comic – und das nun schon im vierten Jahr.

All dies wäre aber nicht möglich gewesen ohne zahlreiche Unterstützer: Vielen Dank an die Stiftung der Universität Bremen sowie das „Bremen macht Helden"-Programm der Sparkasse Bremen, die das Nœrdman-Projekt finanziell unterstützt haben. Ebenfalls herzlichst danken wollen wir Dr. Cornelia Große, die insbesondere in den ersten zwei Jahren das Projekt einfalls- und tatenreich unterstützt hat sowie Lisa Jungmann, die den Internetauftritt auf noerdman.de umgesetzt hat. Ihr, zusammen mit Kristiane Schmitt und Fatma Drechsler, danken wir zudem für das Korrekturlesen des Buches.

Dank auch an die Presse: Radio Bremen 2 + 4, RTL und Sat1 haben Nœrdman aufgegriffen, das Stadtmagazin Bremen veröffentlichte zwei Jahre lang monatlich einen Comic von Nœrdman.

Abschließend bedanken wir uns ganz herzlich bei Heike Jung und Sybille Thelen von Springer für die tolle Zusammenarbeit.

© Der/die Autor(en), exklusiv lizenziert durch
Springer Fachmedien Wiesbaden GmbH, ein Teil von Springer Nature 2021
R. Drechsler und J. Stoppe, *Noch analog oder lebst Du schon?*
https://doi.org/10.1007/978-3-658-32413-1_10

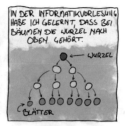

Doch wie kam es überhaupt dazu? Die ersten Ideen für den Nœrdman entstanden während eines Konferenzbesuchs des Erstautors. Die Kernidee, Themen aus der Technik, die unser aller Leben verändert, aus der Universität in die Allgemeinheit zu tragen, stand

nerischen Fähigkeiten des Zweitautors war
das Team gefunden und das Konzept konnte
ausgearbeitet werden.

Viele Technologien, die in den letzten Jah-
ren entwickelt wurden, erscheinen uns im
Rückblick revolutionär – aber die einzelnen
Schritte sind letztlich doch sehr evolutionär.
Alle, die sich mit dieser Entwicklung täglich
auch im Rahmen der Forschung beschäftigen,

ist das Thema alltäglich, andererseits bleibt es faszinierend und unglaublich, wie schnell sich alles verändert.

Um der digitalen Spaltung auch jenseits akademischer Kreise entgegenzuwirken, kam die Idee auf, auch komplexe Sachverhalte einfach zu vermitteln oder zumindest als Thema zu platzieren. Ein humorvoller Zugang über Comics war das Mittel der Wahl.

Es folgten verschiedene Entwürfe wie „der Eine Nerd" aussehen sollte. Es wurde viel experimentiert, bevor das Ergebnis Form annahm.

Wer sollte mit zur Familie gehören? Welche weiteren Rollen waren nötig? Auch wenn dies nicht von Beginn an feststand, wurde schon ein wenig mit Ideen experimentiert.

So entstand die Welt von Nœrdman – das
œ steht für „ohne Einschränkung". Wenn man
ein Nœrd ist, dann ohne Kompromisse.

Nœrdman ist dabei durch und durch digital. Nicht nur, dass der Comic jetzt erstmals
in gedruckter Form erscheint und zuvor nur
im Internet verfügbar war, auch die Erstellung
geschieht rein digital. Entwurf, Zeichnung,

puter – mit einem Stift, der direkt auf dem Bildschirm zeichnen kann.

So erblickte Nœrdman im Januar 2018 das Licht der Welt.

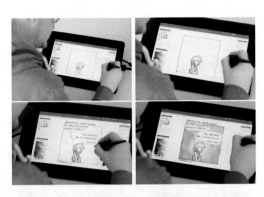